# 예수! 그는 과연 누구인가?

**새생면 전도/교육 소책자 시리즈 08**

## 예수! 그는 과연 누구인가?

초      판 | 제 1쇄 2007.08.20
개정증보판 | 제 1쇄 2012.06.15


지은이 | 정성민
펴낸이 | 정성민
펴낸곳 | 푸른초장


등록번호 | 제387-2005-00011호(2005년 5월 17일)
소재지 | 경기 파주시 광탄면 분수리 350-3번지
TEL 031) 947-9753 (푸른초장), 010-6233-1545
출판유통 | 하늘유통 031) 947-7777,  FAX 031) 947-9753
인쇄처 | 예원


**책값은 뒤표지에 있습니다.**
ISBN 978-89-92817-43-1   03230


독자의 의견을 기다립니다.
sungjeong@hotmail.com

# 예 수 ! 그 는 과 연 누 구 인 가 ?

## JESUS, WHO ON EARTH IS HE?

새로운 신자를 위한 전도와 교육을 위해 새생명전도 10단계 시리즈를 출간하지 벌써 5년이 되었습니다. 그동안 많은 목회자를 통해서 이 책이 새신자의 전도와 교육을 위해서 유용하게 사용되어지고 있다는 소식을 접하였습니다. 정말 이 책을 사용하여 주시는 하나님께 감사할 따름입니다.

본래 비신자들에게 복음을 전하기 위해 쓰여 진 [예수! 그가 다가온다]와 초신자들에게 기독교 신앙을 쉽게 설명해주기 위해 쓰여 진 [예수! 그를 만나다]를 통합하면서 새신자전도와 교육을 위한 10단계 시리즈를 만들게 되었습니다. 각각 주제에 맞는 부분들을 두 권의 책에서 뽑아서 10권의 소책자를 아래와 같이 구성하게 되었습니다.

많은 분들이 인터넷 서점 독서평을 통해서 말씀해주신 대로 이 소책자 시리즈는 비신자들이 지니고 있는 기독교에 대한 의구심을 객관적으로 설명하였습니다. 또한 각각의 주제를 소책자 분량으로 편집하여 책을 읽는 즐거움을 더하였습니다.

이 소책자 시리즈는 신앙의 기초가 약한 성도들에게도 체계적인 교리를 가르쳐주기에 새신자들을 위한 성경공부 안내서가 될 것입니다. 다음으로 다양한 주제를 다루고 있기에 비신자들의 진리에 대한 갈망을 해소 시켜줄 수 있습니다. 그래서 태신자 전도, 오이코스 관계전도, 그리고 알파코스와 같은 전도를 위한 다양한 프로그램이나 세미나에 유용한 책자가 될 수 있습니다. 아니면 대학부나 청년부 성경공부 교재로도 쓰일 수도 있음을 기억해주시길 바랍니다.

독자들의 이해를 돕기 위해 인터넷 서점 인터파크에 올려 진 소책자에 대한 서평 하나를 소개해드립니다.

*이 책은 소책자입니다. 크기도 작습니다. 분량이 적습니다. 그래서 아마 읽기 전에는 내용이 얕거나 부실 할 것으로 생각이 될 겁니다. 그러나 예상과 달리 내용은 상당히 좋습니다. 깔끔합니다. 핵심만 분명히 전합니다. 이 책(소책자 시리즈 4권)에서는 악의 문제를 잘 다루고 있습니다. 악의 문제에 대해 간결하게 핵심만 다룹니다. 그와 관련된 의심을 명쾌히 정리하고, 답변 해 줍니다. 시리즈의 제목은 '새생명 전도 시리즈' 라서 내용이 새신자 수준에 맞춰져 있을 것이라 예상 될 겁니다. 그러나 시리즈명과는 어울리지 않게 내용이 꽤 심도 있습니다. 그렇다고 많이 깊어서 이해하기 어려운 건 아닙니다. 너무 얕지도 않고 딱 좋습니다. 그래서 새신자는 물론 기존 신자도 읽으면 좋습니다. 악의 문제에 대해서 다른 책을 볼 필요 없이 이 책 한 권으로 기본적인 정리를 할 수 있을 것입니다. [인터파크 서평 중에서]*

본 새신자전도 및 교육을 위한 10단계 시리즈는 새생명전도 10단계 시리즈의 개정증보판입니다. 이 개정증보판은 전체적인 내용이 원판과 거의 동일합니다. 하지만 설명이 더 필요한 곳에 좀 더 내용을 보강하였고, 각 권의 마지막 부분에 필요에 따라 부록을 첨부하였습니다. 각 권의 주제와 연관된 방송원고, 설교, 신학적인 글을 추가한 것입니다. 혹시 부록이 부담스럽거나 이해하기가 힘든 분들은 그냥 읽지 말고 넘어가시어도 좋습니다. 본 개정증보판은 책 표지와 내지의 디자인을 새롭게 구성하였습니다.

바라는 것은 이 소책자 시리즈가 한국교회의 부흥과 성숙을 위해 크게 쓰임 받는 것입니다. 마지막으로 이 모든 것을 허락해주신 풍성한 은혜의 하나님께 영광을 올립니다.

*"깊도다 하나님의 지혜와 지식의 풍성함이여, 그의 판단은 헤아리지 못할 것이며 그의 길은 찾지 못할 것이로다.... 이는 만물이 주에게서 나오고 주로 말미암고 주에게로 돌아감이라 그에게 영광이 세세에 있을지어다. 아멘." (로마서 11:33, 36)*

2012년 3월 20일
저자 정성민 교수

# CONTENTS

# 차     례

Jesus Christ, Who On Earth Is He?

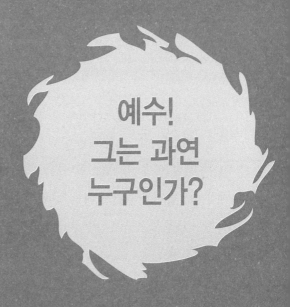

# 예수!
# 그는 과연
# 누구인가?

나사렛 예수!

예수님은 정말 하나님이신가?

예수님은 정말 인간이었는가?

예수님이 이 땅에서 하신 일이 무엇인가?

나를 위한 화목제물이신 예수

왜 꼭 십자가의 죽음이어야만 했을까?

예수님의 보혈은 능력이 있습니다.

## 나사렛 예수!

그는 2000년 전 이스라엘의 한 평범한 목수의 가정에서 태어난 사람입니다. 그리고 동시에 우리를 죄에서 구원하시려고 이 땅에 오신 하나님이십니다. 성경 전체를 관통하고 있는 핵심적인 줄기는 인간에 대한 하나님의 큰 사랑입니다. 그리고 그 하나님이 보여주신 사랑의 결정체이자 핵심은 바로 예수 그리스도입니다.

하나님이면서 동시에 인간이신 예수님! 지금부터 그 신비한 보화의 비밀을 캐내어 봅시다.

## 예수님은 정말 하나님이신가?

만약 예수님을 하나님이 아닌, 여느 사람과 같은 인간일 뿐이라고 본다면, 자신을 하나님의 아들이라 공표하며 돌아다녔던 예수는 분명 정신이상자였거나 사이비 이단 종교의 교주였을 것입니다. 이처럼 만약 예수가 정신병자이거나 종교 사기꾼이었다면 기독교인들의 믿음은 헛된 것일 뿐 아니라 우리 기독교인들이야말로 세상에서 가장 불쌍한 사람들일 수밖에 없습니다. 그러나 예수님이 하나님의 아들이라는 것이 분명하다면 기독교는 진정한 종교가 될 것이며, 예수님이야말로 하나님께로 가는 유일한 진리의 길이 될 것입니다.

나사렛 예수가 정말 하나님이었다는 사실은 그의 부활을 통해서만이 증명될 수 있습니다. 성서는 예수님의 부활을 역사적 사실로 증언하고 있습니다. 그 증거로는

첫째 예수님 자신이 스스로를 하나님의 아들이라 증거하신 말씀입니다.

둘째 빈 무덤입니다.

셋째 부활하신 예수님이 제자들 앞에 몸소 나타나신 것이 있습니다.

첫째 예수님은 자신이 하나님의 아들이며, 부활이고 생명이라고 주장했습니다. (요11:25) 또한 예수님은 십자가에서 죽으셨고 사흘 만에 다시 살아나실 것에 대해 미리 말씀하셨습니다. (눅 24:7)

둘째 빈 무덤과 예수님의 부활에 관하여는 여러 가지 서로 다른 해석이 있습니다. 혹자는 마리아와 다른 여(女)제자들이 도성의 지리에 밝지 않아 다른 무덤을 찾아갔다고 주장합니다. 그러나 여자들의 말을 듣고 뒤늦게 무덤을 찾은 다른 제자들 역시 무덤을 잘못 찾았다고 볼 수는 없다는 것입니다.

빈 무덤에 관한 또 다른 해석은 예수님의 제자들이 그의 시신을 훔쳐갔다는 것입니다. 그러나 죽음이 두려워 예수님을 떠나고 부인했던 제자들이 예수의 시신을 훔쳐갔다는 것은 논리적으로 납득하기 어려운 추측입니다.

또한 유대교 종교지도자들이 예수님의 시신을 가져갔다는 주장도 별로 신빙성이 없습니다. 왜냐하면 그들이 진실로 예수님의 시신을 가져갔다면 예수님의 부활에 대한 소문이 온 예루살렘에 퍼질 때, 그것이 거짓임을 증명하기 위해 예수님의 시신을 당장 내어 놓았을 것이기 때문입니다. 하지만 그들은 그렇게 하지 못했고 결국 부활을 선동하고 다니는 무리들을 제압할 수 없었습니다.

마지막으로 예수님이 실제로 죽은 것이 아니라 단지 십자가

위에서 기운이 쇠하여 졸도하였을 뿐이라는 학설도 있습니다. 그러나 예수께서 오랜 시간 동안 고난을 당하시고 옆구리에 창까지 찔린 이후에 살아남을 수 있을 가능성은 없습니다.

셋째 제자들이 부활하신 예수님을 만났다는 것에도 여러 가지 해석이 있습니다. 어떤 사람들은 이것을 제자들이 꾸며낸 거짓 증언이라고 주장합니다. 그러나 한 두 사람이 아닌 수많은 제자들-열 두 제자, 오백여 형제- 의 생생한 증언은 제자들이 예수의 부활을 꾸며냈다는 주장을 단번에 물리칩니다. (고전 15:3-8)

어떤 사람들은 제자들이 예수님을 너무나 사모한 나머지 환상이나 환각 중에 예수님을 보았다고 주장합니다. 하지만 환각이란 간절한 소망가운데 생기는 것이지 전혀 만날 기대조차 하지 않는 사람에게 나타날 수는 없습니다. 제자들은 예수님의 십자가 처형 뒤 절망과 실의에 빠져 있었습니다. 그들은 세상 사람들에게 예수를 부인했을 뿐 아니라 예수님을 다시 볼 수 있으리라는 소망을 전혀 갖고 있지 않았습니다. 그런 사람들 앞에 집단적인 환각으로 예수님이 나타났다는 것은 전혀 이치에 맞지 않습니다.

오히려 우리는 혁명적으로 변화된 제자들의 삶을 통하여 예수님이 부활하셨다는 증거를 확인할 수 있습니다. 예수님의 죽음 직후 제자들은 두려워하여 뿔뿔이 흩어졌습니다. 몇몇은 이전의 직업으로 되돌아갔습니다. 그러나 부활하고 승천하신 예수님을 만난 제자들은 한 자리에 모였습니다. 마가의 다락방에서 120명이 모여 기도하다 성령을 받고 변화되었습니다. 이전에는 두려워서 흩어졌지만, 이제는 복음을 전하기 위해 흩어졌습니다. 목숨을 걸고 예수 그리스도의 부활의 복음을 전하다가 영광스런 죽음을 맞이했습니다. 그 결과 예수의 복음은 전 세계로 퍼져 나갔으며, 교회는 폭발적으로 부흥하게 되었습니다.

부활사건은 예수님이 부활하신 날인 일요일을 예배의 날로 전환시키는 계기가 되었습니다. 유대교의 성일이며 안식일인 토요일이 아닌 예수님이 부활하신 일요일이 주의 날로 제정되어 모임을 갖게 되었습니다. 무덤에서 살아나온 예수! 그는 진실로 하나님의 아들이었습니다.

## 예수는 정말 인간이었는가?

예수님이 만약 인간이 아니라면, 그가 우리를 위하여 십자가의 모진 고통을 견디셨다는  말씀 중 '모진 고통'이라는 표현은 허무맹랑한 거짓말에 불과할 것입니다. 인간의 고통을 모르는 십자가 고난은 이미 고통이 아닙니다. 진짜 인간이 아닌 예수가 당한 십자가의 고난은 그저 하나님의 연극으로 전락해 버립니다. 그러한 예수의 속죄는 아무런 능력이 없습니다. 인간의 죄를 담당할 자격이 없습니다. 따라서 예수님이 인간을 구원할 진정한 구세주가 되기 위해서 그는 하나님이기 이전에 진실로 인간이어야 합니다. 실제로 인간이 느끼는 것과 똑같은 고난을 받고, 십자가에 못 박혀 죽고, 실제로 부활해야 합니다.

"주님은 시험받는 자들도 도와주실 수 있습니다. 왜냐하면 예수님께서 직접 고난 당하고 시험을 받으셨기 때문입니다." (히 2:18)

성경의 복음서들은 예수님의 인성을 보여줍니다. 누가복음서의 기자는 예수의 유년기를 이렇게 기록하였습니다. "예수님은 지혜와 키가 더욱 자랐고, 하나님과 사람들로부터 사랑을 받았습니다." (눅 2:52) 예수님은 다른 아이들과 마찬가지로 신체적으로, 지적으로, 영적으로, 사회적으로 성장했습니다. 그리고 예수님 역시 시간과 공간의 제한 속에서 살았습니다. 예수님에게도 하루는 24시간이었고, 일주일은 7일이었습니다. 또한 예수님은 한 번에 여러 곳에 동시적으로 있을 수 없었습니다.

사마리아 우물가에 계셨던 예수님은 지치고 목이 말랐습니다. (요 4:6-9) 예수님은 죽음의 위기 앞에서 그의 제자들이 그와 함께 기도해주기를 기대하셨습니다. (마 26:36-38)

예수님은 군중 속에서 외로움을 경험했습니다. "예수님께서 그에게 말씀하셨습니다. 여우도 굴이 있고, 하늘의 새들도 둥지가 있다. 그러나 인자는 머리를 둘 곳이 없다." (눅 9:58) 예수님은 영적인 필요도 느꼈습니다. 그래서 틈만 나면 쉬지 않고 하나님께 기도했습니다. (눅 22:39)

또한 예수님도 보통의 인간들처럼 시련과 유혹에 직면하기도 했습니다. 세례를 받은 직후 마귀의 시험에 직면했습니다. (마 4:1-11). 또한 십자가를 지기 전 겟세마네 동산에서 십자가의 고난을 피하고 싶은 충동도 느꼈습니다.(마 26:36-39) 즉 예수님은 우리의 죄를 짊어지기 위해서 그 자신이 직접 시험과 유혹을 경험하셨던 것입니다.

"우리의 대제사장은 우리의 연약한 부분을 알고 계십니다. 이 땅에 계실 때 그분은 우리와 마찬가지로 시험을 받으셨습니다. 그러나 결코 죄를 짓지는 않으셨습니다."(히 4:15)

예수님의 신성과 함께 인성은 우리의 죄를 위한 희생 제물이 되기 위해서 필수불가결한 것입니다. 2004년 전 세계적으로 센세이션을 일으켰던 영화 "The Passion of the Christ"는 인성을 지닌 예수가 겪게 되는 십자가의 수난과 고통을 그렸습니다. 북미와 남미의 성도들은 이 영화를 통해 그리스도가 겪은 고통을 바라보면서 큰 충격과 감동을 받았습니다. 어떤 사람들은 그 충격 때문에 심장마비로 죽기도 하였습니다.

그러나 한국에서는 그 영화가 별로 호응을 얻지 못했습니다. 그 이유는 아마도 한국교회가 예수님의 인성보다는 신성을 많이 강조해왔기 때문인 것으로 짐작됩니다. 한국 성도들에게 예수는 전지전능하신 하나님과 슈퍼스타로 만 인식되어 있는 듯 보입니다. 고통 가운데 고민하며 괴로워하는 예수의 인간적인 측면을 우리가 그동안 소홀히 여겨오지 않았는지 새로운 인식의 전환이 필요한 시기라고 생각됩니다.

**첫째, 예수님은 그의 생애를 통해 하나님의 사랑을 보여주셨습니다.**

예수 그리스도! 예수님은 이 땅에 찾아오신 하나님입니다. 우리는 그분을 통해서만 하나님을 만날 수 있습니다. 그렇다면 과연 예수님이 우리에게 보여주시는 하나님의 모습은 무엇일까요? 하나님은 예수의 얼굴을 통해 자신을 드러내신 것이 아니라 예수 그리스도 그 분의 삶을 통해 자신을 드러내셨습니다. 예수님의 삶은 사랑으로 완성된 삶이었습니다. 결국 하나님은 예수님의 삶을 통하여 자신의 사랑을 보이셨던 것입니다. (요 3:16)

예수님은 하나님의 사랑을 보여주는 계시자로서 인간에 대한 놀랍고도 새로운 사랑을 보여주셨습니다. 예수는 자신의 가르침을 듣느라고 굶주리게 된 무리들을 보고 불쌍히 여기셨습니다. 예수는 죽은 나사로의 무덤에서 우셨습니다. 이러한 예수의 사랑과 연민의 정은 나아가 행동으로 이어졌습니다. 병든 자를 고치셨고 죽은 자를 살리셨습니다. 또한 이러한 예수의 사랑은 포용적이기까지 했습니다. 예수는 민족의 반역자인 세리들, 창녀와 같은 가장 천한 사람들, 고아와 과부들, 당시에 사회적으로 천대를 받던 어린 아이들조차도 아끼고 사랑해 주셨습니다. 심지어 예수의 사랑은 자신을 죽이려고 왔다가 귀가 잘린 말고를 치료해주는 데에까지 나아갔으며, 자신이 십자가에서 처참하게 죽어갈 때, 자신을 십자가에 매달고 조롱하는 무리들을 향하여 저들의 죄를 용서해 달라는 기도를 하셨습니다.

**둘째, 예수 그리스도는 인류의 죄를 위해 십자가에서 피를 흘리셨습니다.**

예수님은 하나님이 보내신 '화해의 도구'였습니다. 화해는 '다툼을 그치고 푸는 것', 즉 원수 사이를 친구 사이로 만드는 것입니다. 우리는 예수를 통해 하나님과 화해하게 되었습니다. 인간의 죄로 인해 분리되었던 하나님과 인간이 둘이 아닌 하나가 된 것입니다. 구원을 행하신 분은 하나님 자신입니다. 하나님은 타락한 인간을 용서하시려고 아들을 보내셨습니다.

"진실한 사랑이란 하나님을 향한 우리의 사랑이 아니라, 우리를 향한 하나님의 사랑인 것입니다. 하나님은 당신의 아들을 보내셔서 우리의 죄를 위해 화목제물이 되게 하셨습니다."
(요일 4:10)

바로 이러한 점 때문에 기독교에서는 구원을 개개인의 노력에 의해 이루어지는 것이 아닌 하나님이 베푸신 사랑이며 은총이라고 보는 것입니다.

## 나를 위한 화목제물이신 예수

우리가 구원을 얻기 위하여 정말로 십자가가 필요합니까? 그렇다면 왜 그렇지요? 십자가 외에 다른 길은 없나요? 이것을 이해하기 위해서는 구약시대에 나타나는 제사와 그 의미를 알아야 합니다.

구약시대에도 죄를 용서받기 위한 제사가 있었습니다. 그 당시 사람들은 다음과 같은 제사의식을 하나님께 드렸습니다. 먼저 건강한 제물로 양이나 소나 비둘기 등을 고릅니다. 그리고 예배를 드리는 장소에 가서 그 짐승(제물)의 머리에 손을 얹고 자신의 모든 죄가 제물에게 옮겨졌음을 선포합니다. 그 후 그

짐승은 인간의 죄를 대신하여 죽습니다. 죄를 지은 인간이 받아야 할 '죽음'을 짐승이 대신 받은 것이지요. 제사를 드리는 방법에 대해 서술해 놓은 레위기에는 이렇게 설명하고 있습니다. "몸의 생명은 피에 있기 때문이다. 또 나는 제단 위에서 너희의 죄를 씻는 데 쓰라고 피를 주었다. 피가 곧 생명이기 때문에 피로 죄를 씻을 수 있는 것이다." (레 17:11)

출애굽기에는 '유월절 어린양의 피'에 대해 말합니다. 유월절은 이스라엘 민족이 모세의 인도 아래, 노예 생활을 하던 이집트(애굽)에서 탈출하였던 것을 기념하는 절기입니다. 하나님은 모세를 통해 이스라엘 백성에게 아무 흠도 없는 어린양을 죽이고 그 피를 문설주에 바르라고 명령하셨습니다.(출 12:1-12) 그 날 밤에 하나님을 거역하는 애굽을 향한 심판이 있었습니다. 하나님이 보낸 죽음의 사자들은 문설주에 피를 바른 이스라엘 백성의 대문은 그냥 넘어갔습니다. 그러나 그들은 피를 바르지 않은 애굽 백성의 집에는 들어가서 장자들을 모두 죽였습니다. 하나님은 어린양의 피를 보고 장자를 죽이는 심판을 할 것인지 아닌지를 결정하셨습니다.

그래서 신약은 예수님을 '유월절 어린양'이라고 부릅니다.

"보십시오. 세상 죄를 지고 가시는 하나님의 어린양이십니다."
(요 1:29, 36) 어린양은 희생양입니다. 인간의 죄를 대신하여
죽임을 당하는 속죄양입니다. 인간이 짊어져야 할 저주를 어린
양이 대신 받는 것입니다. 하나님께서는 어린양의 피를 보시고
그분을 믿는 자들의 죄를 용서해주셨습니다. 피는 생명입니다.
피는 죄를 사하는 능력이 있습니다.

"피 흘림이 없으면 죄의 용서도 없다." (히 9:22)

이사야 선지자는 우리의 죄를 위해 대신하여 피를 흘릴 예수
님의 고난을 예언하였습니다.

이사야는 예수를 고난의 종으로 불렀습니다. "그러나 그가
상처 입은 것은 우리의 허물 때문이고, 그가 짓밟힌 것은 우리
의 죄 때문이다. 그가 맞음으로 우리가 평화를 얻었고, 그가 상
처를 입음으로 우리가 고침을 받았다. 우리는 모두 양처럼 흩
어져 제 갈 길로 갔으나, 여호와께서 우리의 모든 죄짐을 그에
게 지게 하셨다." (사 53:5 6) 구약에 선지자들을 통해 예언된
대로 예수님은 우리 죄를 위해 고난을 받으셨으며, 십자가에서
죽으셨던 것입니다.

예수님 당시 십자가 죽음은 로마에 대한 정치적 반역자들에게 행하는 가장 처참한 처형방식이었습니다. 십자가 처형은 사형수를 채찍으로 때리고 나무에 그의 손과 발을 큰 못으로 박아서 묶어 놓습니다. 이렇게 한 뒤에 십자가를 세워 고정시킵니다. 나무에 달려서 몸을 조금이라도 움직이면 극심한 육체적 고통을 느끼게 되며, 그 때마다 손과 발과 상처에서 피가 솟구쳐 나옵니다. 그러면서 죄수는 서서히 죽어가게 되는 것이지요. 죄수를 급히 죽여야 할 경우에는 큰 망치로 정강이뼈를 쳐서 부러뜨리기도 했습니다.

구약성서의 신명기서는 "누구든지 나무 위에 매달린 사람은 하나님께 저주를 받은 사람이오."라고 말합니다. (신 21:23) 예수님은 구약의 말씀대로 친히 십자가에 달려 우리가 받아야 할 저주를 대신 받으셨습니다. 하나님은 인간의 죄를 인간에게 돌리지 않으셨습니다. 하나님은 죄를 알지도 못하는 순결한 양과 같은 예수님으로 하여금 우리를 대신하여 죄를 짊어지게 하셨습니다. 이것이 바로 우리를 향한 하나님의 사랑입니다.

## 예수님의 보혈은 능력이 있습니다.

거룩한 하나님과 죄인 된 인간의 화해는 예수 그리스도의 희생 제사를 통해서 이루어졌습니다. "예수님만이 우리의 죄를 위해 화목제물이 되셨으며, 오직 예수님을 통해서만 모든 사람들의 죄가 용서 받을 수 있습니다."(요일 2:2) 예수 그리스도는 어린양으로서 친히 희생 제물이 되셨습니다. 그리하여 예수님의 속죄 제사는 영원한 제사가 되었습니다.

이는 구약의 동물제사의 마침을 의미합니다. 왜 하나님은 구약의 동물제사로 만족하지 않으셨을까요? 왜 아들을 보내어 인간의 육체로 감당하기 어려운 십자가를 지게 하시고, 희생양으로 삼으셨을까요? 구약의 동물제사는 일시적인 속죄로 사람들을 온전하게 할 수 없다는 점에서 한계가 있습니다. 그들은 매년마다 반복해서 동물의 피를 흘리는 제사를 드려야 했던 것입니다. 이러한 구약의 희생제사는 바로 어린양 예수의 희생 제사에 대한 그림자에 불과했습니다.

예수님의 피로 우리는 하나님의 심판과 죄의 속박에서 구원받았습니다. 이사야의 예언대로 모든 것이 성취되었습니다.

이제 우리는 이 사실을 믿기만 하면 됩니다. 우리가 예수님을 믿을 때 예수님이 흘리신 피가 우리 마음에 뿌려지게 됩니다. 그리할 때 하나님은 이것을 보시고 우리를 거룩하다 여겨 주십니다. 예수님 때문에 우리가 죄를 용서받을 수 있습니다. 예수님 때문에 하나님은 우리의 죄를 보지 않으시고, 오히려 우리를 의롭다고 여겨 주십니다. 이것이 바로 예수 그리스도의 보혈의 능력이며, 오직 의인은 그 믿음으로 살리라는 이신득의(以信得義)의 비밀입니다. 이 모든 것이 참 하나님이시며 참 인간이신 예수 그리스도의 능력을 믿는 자에게 그대로 이루어질 것입니다.

1. 예수님은 정말 하나님이신가?

   만약 그렇다면, 그렇게 믿는 이유를 말하라.

2. 예수님은 정말 인간이었는가?

   만약 그렇다면, 그렇게 믿는 이유를 말하라.

3. 예수님이 이 땅에서 하신 일은 무엇인가?




4. 예수님은 왜 십자가의 죽음을 겪어야 했는가?

2 What Does Salvation Mean?

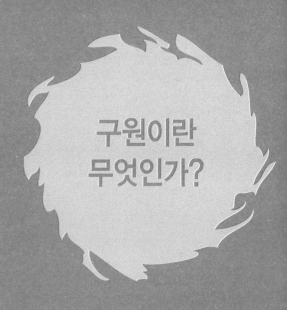

# 구원이란 무엇인가?

기독교는 모든 사람들에게 죄를 고백하고 예수를 믿으라고 권고합니다. 하지만 자신이 선하다고 생각하는 사람들은 이러한 기독교의 가르침에 난감해 하지요. 아무리 생각해봐도 별로 죄를 지은 것이 없는데 자꾸 회개하라고 하니 정말 괴로운 일입니다.

"지금까지 별로 죄를 지은 일이 없어요. 그 누군가를 의지하기 위해서 예수는 믿고 싶은데, 구원을 받기 위해서 죄를 고백하고 회개하라니 참으로 괴로운 일이군요."

기독교를 받아들이는 데에 있어 가장 큰 걸림돌은 바로 죄에 대한 자각입니다. 그러므로 하나님의 은총의 시작은 비신자가 자신의 죄를 인식하는 것입니다. "아! 나도 죄인이구나."라는 생각이 들 때 비로소 예수를 믿을 수 있는 가능성이 생깁니다.

기독교가 말하는 죄는 단지 윤리적인 죄에 머무는 것이 아닙니다. 창조주 하나님과 피조물인 인간의 관계가 단절된 상태가 바로 죄입니다. 하나님을 인정하지 않고, 하나님께서 인간을 구원하시려고 보낸 구세주 예수 그리스도를 영접하지 않는 것이 죄입니다.

　이러한 하나님과의 관계성의 파괴로 인해 파생되는 문제들이 바로 인간의 윤리적인 문제들입니다. 이를테면 인간의 자기 중심적이고 이기적인 태도가 바로 죄에 해당된다고 볼 수 있지요. 하나님을 인정하지 않고, 자연을 무시하고 착취하며, 이웃을 사랑치 않고 거짓과 증오로 대하며, 자기 자신을 너무나 사랑하든지 아니면 학대하는 인간의 삶이 바로 죄입니다.

## 구원의 시작은 회심

　회심은 개인이 자신의 마음과 삶을 바꾸는 것입니다. 그동안 내 중심적인 삶을 살았다면 이제 하나님 중심적인 삶을 살아가는 것입니다. 회심은 회개와 믿음으로 가능해집니다. 회개는 자신의 죄를 인정하고 통회하는 것이고, 믿음은 그 죄를 예수님이 용서해주신다는 것을 믿는 것입니다.

　그러나 회심은 결단코 자신의 의지로 되지 않습니다. 그 이유는 자신이 죄인임을 인정하는 것이 세상에서 가장 어려운 일이기 때문입니다. 구원은 죄를 회개하고 예수를 영접하는 회심으로 시작됩니다. 비신자가 자신의 죄를 회개하고 예수를 영접하는 일은 참으로 신비한 일입니다. 필자는 비신자에게 성령이 임하여 그가 회심하는 것을 속칭 "거룩한 신 내림"이라고 표현하곤 합니다.

## 예상치 못했던 그 사람의 회심

이러한 회심은 급진적인 회심과 점진적인 회심으로 나눌 수 있습니다. 불교신자나 무신론자가 어느 날 갑자기 울고 회개하면서 예수를 받아들이는 경우를 급진적인 회심이라고 합니다. 급진적인 회심은 당사자나 주변의 사람들을 당황스럽게도 만듭니다. 갑자기 회심한 당사자도 자신이 왜 그러는지를 이해하지 못합니다.

우리 교회에 초 신자가 있었습니다. 그의 남편은 아주 이성적이고 비판적인 사고를 하는 사람이었습니다. 그는 자신의 아내가 교회에 다니는 것이 못마땅하여 날마다 기독교 신앙의 문제점을 아내에게 피력했습니다. 반기독교적인 책들을 읽어가면서 논리적으로 그의 아내를 설득하였습니다.

하지만 나 역시 그의 아내를 논리적인 신앙으로 무장시켰습니다. 목회자와 불신자간의 전쟁이 시작된 것입니다. 그렇게 6개월 정도가 지났을 때, 마침내 그녀의 남편은 술을 마신 채로 밤 기도회에 찾아왔습니다. 그때 그는 나에게 이렇게 말했습니다.

"목사님! 이렇게 가정을 파괴해도 되는 겁니까?"

그 때부터 나와 불신자 남편과의 종교적인 논쟁이 시작되었습니다. 어느 날은 새벽 3시까지 서로 논쟁하기도 했습니다. 그 후로 또 한 차례 술을 마시고 기도회에 참석해서 우리 기도회를 종교 토론장으로 바꾸어 놓았습니다.

2004년 8월 첫 주에 그가 교회에 출석하기 시작하였습니다. 물론 비판적인 생각으로 예배를 드렸고, 예배 후 함께 점심 식사하기를 거부하고 급히 집으로 돌아갔습니다. 그는 예배를 드리고 난 후에 머리가 아프다고 하였습니다. 나는 조금 더 예배에 참석하다보면 어느 날인가 머리 아픈 것은 사라진다고 말했고, 정말 나의 말대로 두 달 정도 지났을 때 그의 아픈 머리는 시원해지고 평안한 마음을 느끼기도 하였습니다. 그렇다고 그가 회심한 것은 아니었습니다.

그는 피아노와 기타를 잘 치는 음악가였는데, 복음성가와 찬송가를 즐겨 부르곤 하였습니다. 2005년 2월쯤 그에게 이상한 일이 생겼다고 그 아내가 말하였습니다.

복음성가 중에 "아버지! 아버지! 죄인 부르신 아버지! 감사합니다. 감사합니다. 진정 감사합니다."라는 곡조를 부르면서 눈물을 줄줄 흘리더라는 것입니다.

그 아내 입장에서는 참으로 신기한 일이었습니다. 그토록 기독교를 논리적으로 비판하던 그가 어떻게 저렇게 눈물을 흘리면서 복음성가를 부를 수 있는가라는 생각이 들었다고 합니다. 나는 그녀에게 하나님의 성령이 남편의 마음을 움직이고 있음을 알려주었습니다. 나와 함께 찬송을 부를 때에도 그는 수도 없이 눈물을 글썽거렸습니다.

회심은 마음의 변화요 영적인 변화입니다. 의지적으로 그리고 의도적으로 믿는 것이 아니라 그냥 자기도 모르게 예수가 믿어지는 것입니다. 바로 우리 안에 있는 영혼이 우리의 의지와 상관없이 예수를 영접하는 것입니다. 내 안에 있는 영혼이 통회하며 우는 것이죠. 그리고 예수를 받아들이는 것입니다.

이러한 영적인 체험이 바로 "황홀경"입니다. 성령에 사로잡혀 우리의 영혼이 예수를 영접하는 놀라운 사건을 경험하는 것입니다.

이 때 우리의 이성은 이런 이상한 영적인 경험을 관찰하게 됩니다. 그리고 분석합니다. 자신 스스로도 설명할 수 없는 황홀경을 체험하면서 의아해하게 되죠. 그리고 스스로에게 자문합니다. "도대체 내게 무슨 일이 벌어진 거야?" "도대체 내가 왜 이래!" "정말 내가 미친 거야!" 참으로 이해할 수 없는 일이 그에게 일어난 것입니다.

이제 새롭게 회심한 그 성도는 자신의 이성과 따로 움직이는 영혼의 움직임에 당황하였습니다. 나는 바로 그것이 회심이며, 이제 하나님의 성령이 그의 영혼을 만지고 계심을 그에게 알려주었습니다. 그의 이성적 사고와 성령의 움직임이 서로 혼란스럽게 공존하는 상황이 벌어졌습니다. 내가 그에게 이제 예수가 믿어지는가를 물어보면 그는 여전히 부정적으로 대답

하였습니다.

그러나 시간이 갈수록 그의 영혼은 그의 이성을 압도하기 시작하였습니다. 그는 교회에 나와서 예배하며 찬송하는 것을 즐기고 찬송하는 그 순간을 기뻐하였습니다. 찬송을 부르면서 그 자신도 모르게 그의 영혼이 눈물을 흘리고 있었습니다. 이제 그에게 새로운 인생이 시작된 것입니다.

## 도대체 언제 그런 거야?

점진적인 회심은 보통 모태신앙인들에게 해당됩니다. 습관적으로 교회에 다니다보니 마치 자신은 구원을 받은 것 같고 하나님의 자녀가 된 것 같은 착각에 빠지게 됩니다. 무심코 교회를 다녔고 구원의 확신에 대해선 별로 관심이 없었기에 자신이 영적으로 새롭게 태어난 것을 잘 인지하지 못하기도 합니다. 그리고 부모님도 교회를 다니고 자신도 수십 년을 그렇게 교회에 다녔는데 "설마, 나는 구원 받았겠지!"라는 낙관적인 생각을 하기도 합니다.

그러나 어느 날 다른 사람들과 달리 자신에게는 특별한 영적인 체험도 없고 막상 천국에 대한 확신도 없음을 자각할 때는 갑작스런 불안이 밀려오게 되지요. 그리고 고민하게 됩니다.

"왜 나에겐 구원의 확신이 없을까?"
"왜 나에겐 급진적인 회심자들처럼 뜨거운 믿음이 없을까?"

더구나 구원파와 같은 이단들에게 당신은 구원을 받았느냐는 질문을 받게 되면 당황하게 되죠. 더 나아가 구원을 받은 증거가 무엇이냐 그리고 언제 구원 받았는가 날짜를 대라고 하면 충격을 받게 됩니다. 그리고 자문합니다. "정말 내가 구원을 받았을까?"

모태신앙인들의 회심은 점진적으로 그리고 미온적으로 발생합니다. 어려서부터 주입된 수학공식과도 같은 구원의 체계에 너무 익숙해져 있던 관계로 기독교 신앙에 대해 관심과 감동이 적습니다. 그들에게는 예수를 믿는 다는 것이 별로 신기한 현상도 아닙니다. 자기 주변 사람들은 너도 나도 다 예수를 믿고 있고, 자신도 벌써 수십 년 동안 교회를 다니고 있기 때문입니다.

하지만 항상 자신이 빈껍데기 같다는 생각을 하기도 합니다. 그러면서 "나에겐 왜 변화가 없는 거야?"라는 탄식을 하기도 하죠. 때론 급진적으로 회심한 사람들을 보면서 속으로 부러워하기도 합니다. 그러나 어느 날 모태신앙인에게도 성령이 임하면 그 무엇인가가 달라집니다. 그리고 깨닫습니다. "바로 이것이었구나." 그동안 말로만 들으면서 궁금해 했던 것이 자신에게도 일어난 것입니다. '백문이 불여일견'이라는 말처럼 직접 성령을 체험하면서 예수를 자신의 영혼으로 직접 모시는 신비한 체험을 하게 됩니다.

날마다 성경공부를 하고, 성가대로 수십 년을 봉사해왔고, 주일학교 교사로 봉사해 왔지만 항상 모조품 신앙인 행세를 하느라 자괴감에 빠져 있었던 모태신앙인들에게도 새로운 희망이 생긴 것입니다. 이제야 비로소 다시 태어난 기독교인이 되는 것입니다.

## 다시 태어남(Born again)이란 무엇인가?

중생 혹은 거듭남은 우리의 영혼이 다시 태어나는 것입니다. 하나님과의 관계가 단절되어 죽어 있던 영혼이 예수를 영접하면서 새롭게 태어나는 것입니다. 새로운 출생, 즉 다시 태어나는 체험은 바로 영적인 생명이 우리 영혼 가운데 주어지는 것입니다. 그러므로 이는 세상 사람들이 전혀 이해할 수 없는 초자연적인 사건입니다.

회심과 중생은 하나의 사건이며 동시적 사건입니다. 회심은 불신자가 회개하고 예수를 영접하는 결단적인 사건이고, 중생은 회심하는 자에게 성령이 임하여 그의 영혼을 다시 태어나게 하는 사건입니다.

예수님은 니고데모에게 "누구든지 다시 태어나지 않으면, 하나님의 나라를 볼 수 없다."(요 3:3)고 말씀하셨습니다. 예수님은 니고데모에게 거듭남은 성령으로 태어나는 것임을 알려주셨습니다. 우리가 예수를 영접할 때 하나님의 성령이 임하시고 그로 인해 우리의 죽었던 영혼이 살아나면서 새 생명이 주어집니다. 새로운 영적인 출생은 구원받은 자를 새롭게 변화시킵니다.

"그러므로 누구든지 그리스도 안에 있으면 새로운 창조입니다. 이전 것들은 지나갔고, 보십시오. 새로운 것들이 와 있습니

다." (고린도후서 5:17)

회심과 함께 구원받은 자의 영적인 삶이 동시에 시작되는 것입니다. 영적인 탄생은 이제 한 영혼이 일생을 통해 계속될 영적인 성장의 시작입니다.

## 내 영혼을 살리시는 다시 태어남의 은혜

영적으로 다시 태어나는 중생의 사건은 순간적인 것처럼 보입니다. 순식간에 비신자의 영혼이 소생하면서 영적인 사람으로 변화됩니다. 그러므로 중생은 초자연적인 현상입니다.

중생은 성령의 사역인 것입니다. 구원은 성부 하나님에 의해 계획되어 성자 예수에 의해 성취되었지만, 그 성취된 구원을 신자들 각자에게 적용시키시는 것은 성령의 사역입니다. 2000년 전에 십자가에서 흘리신 예수님의 피가 지금 이 순간 나의 죄를 위한 보혈임을 믿게 하는 것이 바로 성령의 역사인 것입니다.

이제 영혼이 새롭게 탄생하는 중생을 계기로 성도는 변화된 삶을 살아가게 됩니다. 성령으로 새롭게 변화된 삶의 목표는 선함과 거룩함을 회복하는 것입니다. 또한 거룩한 삶을 사셨던 예수님의 삶을 본받는 것이지요.

자 이제 출발이다!!!

중생은 거룩한 삶을 향한 출발점입니다. 성도는 중생을 경험하면서 영적인 것들에 민감한 반응을 보일 수 있는 능력을 갖게 되고, 하나님께 순종할 수 있는 능력을 소유하게 됩니다.

모태신앙인들의 특징은 점진적인 회심을 경험하는 자들로서 구원을 언제 받았는지를 정확히 모르는 경우가 많습니다. 하지만 확실한 사실은 지금 성령이 당신에게 하나님의 자녀임을 증거한다면 당신은 구원을 받은 것입니다. 아무리 구원파가 다가와서 구원을 받은 날짜를 대라고 해도 우리는 당황하지 말아야 합니다. 구원을 받은 날짜가 중요한 것이 아니라 구원받은 확신이 중요한 것입니다.

나는 고등학교 3학년 때에 중생을 경험했습니다. 어느 날 밤 기도회에서 나는 신비하고 특이한 영적인 체험을 하게 되었습니다. 그것은 바로 내 안에 있는 또 다른 내가 울면서 회개하는 것이었습니다. 얼마나 많은 죄들이 영화필름처럼 생각이 나던지 통회자복하며 울었습니다.

나는 아랫배가 당기도록 울었습니다. 전에 기도할 때는 내가 어떠한 주체적인 의식을 가지고 기도했었는데 이번은 달랐습니다. 그 무언가에 이끌려 회개하며 기도하는 모습을 나 자신 스스로가 목격하게 되었습니다. 눈물과 콧물로 망가지는 나의 모습에 나의 이성은 "이제 그만 멈추어야 되겠다."라고 생각하는데, 그것이 뜻대로 되지 않았습니다. 그 때 나는 나 자신과 따로 움직이는 분리된 자아를 발견하였습니다. 나는 그 분리된 자아가 바로 나의 "영혼"이라고 생각합니다.

정확히 날짜는 모르지만 그날 밤, 하나님의 성령이 나의 영혼 위에 임하였던 것입니다. 나는 다시 태어난 것이었습니다. 성령으로 거듭난 나의 몸과 마음은 무척이나 가벼웠습니다.

중요한 것은 그 후로 내가 조금씩 영적으로 민감한 신앙인이 되어갔다는 사실입니다. 거듭난 이후로 나는 성령의 현존과 인도하심을 통해 점차 하나님 중심의 삶을 살아가게 되었습니다.

예수님을 구세주로 영접한 자가 누릴 축복은 무궁무진합니다. 그 첫 번째는 하나님이 그를 하나님의 자녀로 삼으신다는 것입니다. (벧전 2:9) 이는 엄청난 신분적 상승을 의미합니다.

두 번째 축복은 영원한 생명을 소유하는 것입니다. 죽음이라는 개인적 종말을 맞이하게 될 때 천국에 들어갈 수 있는 권한을 가지게 됩니다.

세 번째는 예수를 영접한 성도에게 칭의의 은총을 베푸시는 것입니다. 비록 그가 죄인이지만 하나님께서 그를 의롭다 여겨주시기 때문입니다. (갈 3:6)

네 번째 축복은 마귀의 권세에서 해방되는 것입니다. 어둠과 죄악에서 자유로운 빛의 자녀가 되는 것이죠. 더 나아가 귀신과 질병을 내쫓는 권세도 갖게 됩니다.

이외에도 구원받은 자에게는 더 많은 축복들이 기다리고 있습니다. 기독교인들은 이러한 축복을 누려야 합니다. 더 나아가 이러한 축복을 다른 사람들에게도 소개해야 합니다.

1. 거듭남, 즉 다시 태어남 (중생)이란 무엇인가?

2. 당신은 구원을 받았는가?

   그렇다면, 왜 그렇게 생각하는가?

   그렇지 않다면, 왜 그렇게 생각하는가?

3. 당신은 급진적인 회심자인가? 아니면 점진적인 회심자인가?

   당신이 예수 그리스도를 믿고 구원을 받은 과정을 나누어보라.

   (언제, 어떻게)

4. 구원을 받은 자가 누릴 축복은 무엇인가?

* 본 원고는 2011년 11월 중, 한동대학교와 극동방송이 함께 하는 라디오 프로그램, 〈한동 스케치〉를 위해 정성민 교수가 준비한 것입니다. 방송 원고이므로 대화 형식임을 양해해 주시길 바랍니다.

이재웅: 네, 한동 스케치 가족 여러분.

오늘 함께 하실 그의 나라 시즌2는요, 오늘도 한동대학교에 서 기독교윤리를 강의하시는 재미있고 유쾌한 교수님, 정성 민 교수님과 함께 하겠습니다.

정성민 교수님, 안녕하세요?

정성민: 네, 안녕하세요?

이재웅: 네, 교수님! 반갑습니다.

교수님, 한 주간도 잘 지내셨지요?

교수님! 오늘 교수님과 함께 나눌 주제가 기독교 윤리인데요, 어디서부터 어떻게 접근을 해야 할 지조차 모르겠습니다. 그저 머릿속에 물음표가 떠오르거든요.

정성민: 그렇죠. 누구든 기독교 윤리를 생각하면서 신앙생활을 하는 사람이 드물죠. 기독교 윤리에 대해 생소한 것이 당연한 것입니다.

이재웅: 네, 그래서 가장 먼저 기독교 윤리가 무엇인지 정의를 내리고 싶은데요. 어떤 개념으로 저희가 쉽게 이해하면 좋을까요?

정성민: 쉽게 말하면, 기독교 윤리는 성경적인 윤리라고 보시면 됩니다. 그러니까 인간의 행동을 성경이라는 잣대를 통해서 반성 내지는 평가하는 것이지요. 좀 더 구체적으로 이야기하자면, 구약의 율법정신 그리고 신약의 예수님의 말씀에 비춰어 우리의 삶을 뒤돌아보는 것이지요.

이재웅: 교수님, 그렇다면 시민윤리와 기독교 윤리가 어느 정도는 비슷한가요?

정성민: 시민윤리는 계몽주의 이후에 서구화된 사회 속에서 형성된 합리적이고도 개인주의적인 윤리로 보시면 됩니다. 좀 더 엄밀히 말하자면, 기독교화 된 유럽 국가들이 현대사회에 이르면서 하나님을 부정하게 되고, 그로 인해 기독교의 윤리가 자연스럽게 시민윤리로 전락하였다고 볼 수도 있습니다. 그러니까 시민윤리는 하나님을 빼고 난 후에 남게 되는 기독교 윤리, 즉 양심과 도덕적인 삶이라고도 볼 수 있습니다.

그렇기 때문에 기독교 윤리와 시민윤리는 많은 유사성을 지니고 있겠지요.

기독교 윤리의 근간이 되는 십계명 중의 5-10계명은 인간의 양심과 이어지는 인간관계의 계명입니다. 부모를 공경하는 것, 사람을 죽이지 않는 것, 간음하지 않는 것, 도둑질 하지 않는 것, 남의 것을 탐하지 않는 것 등이 바로 시민윤리로 이어지는 것입니다.

이와 같이 시민윤리와 기독교윤리가 서로 양심을 바탕으로 하기 때문에 서로 공통된 기준을 가진다고 볼 수도 있습니다.

이재웅: 그러면 기독교 윤리와 시민윤리, 혹은 세상 윤리와의 다른 점은 무엇인가요?

정성민: 기독교 윤리와 시민 윤리의 다른 점은 윤리를 지켜야 하는 근거나 동기에서의 근본적인 차이가 있습니다. 시민윤리는 상호호혜성의 원리에 근거합니다. 서로가 피해를 주지 않고 서로의 이익을 도모하기 위해 질서와 법을 지키는 것이지요.

예를 들면, 신호등을 지키는 것을 생각해 보시면 됩니다. 서로 자동차끼리 충돌하지 않기 위해 신호등을 지키는 것이지요.

또한 시민 윤리가 인간의 양심을 도덕과 윤리의 근거로 삼는 것이지만, 실제로 그러한 양심조차도 인정하지 않는 사람들도 있습니다. 이러한 사람들에게 단지 서로 피해를 입거나 입히지 않으려는 상호호혜성의 원칙만 남게 되는 것이지요.

이재웅: 그렇다면 기독교 윤리의 근거나 동기는 무엇인가요?

정성민: 역시 기독교 윤리의 근거나 동기는 바로 하나님의 사랑입니다. 이러한 기독교 윤리의 근거나 동기를 다음과 같이 3가지로 설명할 수 있습니다.

첫째로, 성부, 성자, 그리고 성령 하나님이 서로 사랑하시는 관계의 하나님이시기에 하나님의 형상대로 지음 받은 우리도 서로 사랑하도록 지음을 받았다는 것이지요.

둘째로, 성자 예수님께서 죄인 된 인간을 위해, 아니 우리를 위해 이 세상에 오셔서 피를 흘리시며 희생하셨기에 우리도 그 분의 희생과 모범적인 삶을 따라 사랑과 봉사의 삶, 즉 윤리의 삶을 살아가는 것이고요.

셋째로, 가장 중요한 동기이며 목적은 바로 죄인된 우리를 구원하신 사랑에 감격하고 감사해서 하나님을 사랑하고 이웃을 사랑하는 것이지요.

이재웅: 아, 그렇다면 이 기독교 윤리가 어떤 부분에서 필요하고, 또 어떻게 적용할 수 있는지도 알 수 있을 것 같은데요. 많은 기독교인들이 과연 기독교 윤리는 어떤 부분에서 적용해야 하고 또 왜 필요한지에 대해서 많이 궁금해 합니다. 한번 말씀해 주실래요?

정성민: 글쎄요, 기독교 윤리가 왜 필요한 것인가?

저는 기독교 윤리의 필요성에 대해 좀 다른 생각을 가지고 있습니다. 기독교 윤리의 필요성에 의해 아이들을 너무 율법적이거나 도덕적으로 훈련시키는 것을 반대하는 편입니다. 왜냐하면 청소년들에게 기독교 윤리를 강조하고 강요하는 것이 오히려 더 많은 부작용을 가져다주는 것 같기 때문이죠.

청소년기까지 우리의 자녀들이 스스로 세상을 알아가고 그리고 양심을 따라 사는 법을 터득할 때까지 부모들이 기다려 주는 것도 좋다고 봅니다. 때론 율법적인 것이 강박증적인 현상으로 나타나는 것이 안타깝습니다.

예를 들면, 유치원과 초등시절 그리고 중고등학교 시절에 자신들의 인간적인 욕구, 세상적인 욕구, 신체적인 욕구들이 충분히 발산이 되어야 하는데 우리 신앙인들은 마치 이러한 욕구의 발산이 죄를 짓는 것처럼 신경증적인 반응을 하는 것이 문제입니다. 기독교인의 자녀들이 정신적이고 신체적인 발

달에 따라 자유롭게 노는 것을 무조건적으로 죄를 짓는 것처럼 부끄럽게 생각하는 경향이 있는데요. 세상의 아이들은 정말 자유롭게 노는데 우리 기독교인들의 아이들은 너무 묶여서 산단 말입니다. 그러면 처음에는 보기가 좋거든요. 우리 부모들이 바로 여기에 만족함을 느끼거든요. 그런 절제되고 금욕적인 아이들의 모습을 남들에게 보여주는 것이 너무 자랑스럽고 뿌듯해지거든요. 하지만 결국 거기에 따른 부작용이 반드시 따르거든요.

이제 사춘기가 지나면 더 큰 문제가 생긴다는 것이지요.
어렸을 때 발산하지 못한 욕구들이 마치 쓰나미처럼 밀려오는데 지난 어린 시절 억압되었던 욕구가 성인되어서 언젠가는 폭발한다는 것이지요. 바로 이러한 현상이 기독교 청소년들이 사춘기를 지나면서 마약이나 술, 인터넷 중독과 같은 다양한 유혹에 쉽게 넘어가게 되고, 여러가지 중독 증세를 보이면서 헤어 나오질 못하거든요. 그 중독의 늪에 빠지지 않거나 헤어 나올만한 내적인 힘이 없거든요. 그러한 힘은 어렸을 때 마음껏 자연스러운 욕구를 건강하게 발산한 아이들에게 주어지는 아주 특별한 힘이거든요.

너무 길어졌는데요. 그러니까 결론적으로, 기독교 윤리는 필요에 의해서 지켜지는 것이 아니라 하나님을 알고 세상을 알고, 예수님을 알고, 인간을 알면 자연스럽게 지켜지는 그러한 후천적인 반응이라는 것입니다.

이재웅: 만일 그렇다면, 누군가 교수님에게 기독교 청소년들을 그대로 방치할 것인가라는 문제제기를 할 것 같은데요.

정성민: 그렇겠죠. 하지만 저의 입장은 기독교인 부모들이 먼저 기독교윤리를 잘 지켜주셔야 한다는 것입니다. 그야말로 모범을 보여주어야죠. 쉽게 말해 삶으로 보여주어야 한다는 것입니다. 아이들에게는 기독교 윤리나 신앙을 강요하지 말고, 오히려 부모들이 솔선수범해서 모범을 보여주시면 언젠가 시간이 지나면, 즉 청소년들의 개인적이고 자율적인 의지가 성립이 될 때에 자연스럽게 아주 좋은 열매를 맺게 되어 있다고 봅니다.

이재웅: 그런 노력의 한 가지로 이런 기독교 윤리를 강조하신 건가요?

정성민: 저는 특별히 기독교 윤리를 강조하지는 않습니다. 왜냐하면 하나님을 알고 예수님을 만나면 자연스럽게 지켜지게 되는 것이니까요. 하지만 기독교 윤리이전에 양심을 바탕으로 하는 일반윤리를 청소년기까지 잘 습득하지 못하면 나중에 더 큰 문제가 생긴다고 봅니다. 일단 일반 시민윤리와 기독교 윤리의 공통적인 부분이 많기 때문이죠. 단지 왜 그러한 도덕과 윤리를 지켜야 하는 가의 동기부여와 목적이 다른 것이지요.

기독교 윤리에 대한 입장은 크게 두 부류로 나뉩니다.
한쪽은 기독교 윤리는 상대적인 것이다. 또 다른 한쪽은 그렇지 않다, 절대적인 것이라고 생각합니다.

이재웅: 그러니까 절대주의와 상대주의가 있다는 말씀이신데, 그럼 정확히 두 윤리관 사이에 어떤 차이점이 있는지 궁금해요.

정성민: 절대주의는 성경이 제시하는 윤리는 전혀 오류가 없는 100% 절대적인 하나님의 말씀이니까 무조건 지켜야 한다는 입장이겠죠. 다음으로 상대적인 입장은 하나님이 제시한 율법이나 윤리는 이스라엘 백성을 위한 수천 년 전의 윤리이니까 그것은 우리에게 그대로 적용하기 어렵다는 것이죠. 그러니까 우리 시대에 맞추어 새롭게 적용되어야 한다는 입장이겠지요.

이재웅: 그렇다면 우리 기독교인들은 이 두 가지의 윤리관 중에 어느 것을 따라야 하는 걸까요?

성경말씀을 절대 시 여기시는 보수주의 쪽에서는 '성경에 기록한 대로 하루를 온전히 하나님께 바쳐야 한다.' 라고 하고, 또 다른 한 편에서는 '그렇지 않다.' 라고 하구요.

정성민: 저의 입장은 절충적인 것입니다. 그러니까 먼저 성경의 절대

적인 권위를 인정해야지요. 성경이 제시하는 하나님의 계명을 하나하나를 귀하게 여기고 묵상하는 것은 아주 좋은 신앙의 습관입니다. 하지만 구약의 율법과 계명들을 오늘날의 현대사회에 그대로 적용하는 것은 조금 문제가 될 수 있습니다. 아니, 때론 적용자체가 불가능한 것들이 있지요.

구약의 그 수많은 음식 법들과 레위기의 제사법들을 우리가 지금 시대에 지킬 수가 없지 않습니까? 또한 눈에는 눈, 이에는 이 라는 구약율법을 그대로 적용하여 간음한 사람을 여러 사람이 모여서 돌로 쳐 죽이는 일을 오늘 날에는 불가능하지 않습니까?

이재웅: 그렇다면 어떻게 해야 할까요?

정성민: 먼저 율법정신을 우리가 깨달아야 하지요. 각각의 율법에 대해서 "왜 하나님께서 이스라엘 백성에게 허락하셨을까?"를 생각하면서 하나님의 마음을 헤아리는 것이 우선이라고 봅니다. 그러기 위해서 4000년 전의 고대 이스라엘의 상황 속에서 하나님과 이스라엘 백성의 관계 속에서 율법들을 이해하고, 해석하고, 그리고 각각의 의미를 찾아내야겠지요. 그런 다음에 우리 시대에 적용하는 일이 남겠지요.

이재웅: 율법정신을 깨달아서 오늘 날에 맞게 적용한다는 것이 그리

쉽지는 않을 것 같은데요?

정성민: 그렇지도 않습니다. 구약시대의 시대적 상황을 조금 이해하는 가운데 하나님의 마음을 조금만 헤아리면 각각의 율법에 대한 이해와 해석, 그리고 적용은 그리 어려운 것이 아닙니다. 문제는 하나님을 만나고 경험하는 가운데 하나님이 어떤 분이신지를 아는 것이 더욱 중요한 것이죠.

이재웅: 아, 그렇군요!
우리가 경험하고 가지게 되는 하나님과의 관계가 더욱 중요한 것이라는 말씀이시죠?

정성민: 예, 그렇습니다. 하나님을 알고 경험하지 않고는 율법정신이나 윤리, 도덕이 아무런 소용이 없다는 말씀이죠.

문제가 되는 것은 율법정신이나 구약의 율법을 현대인들이 너무나 지나치도록 상대적으로 평가하는 것입니다. 일부 자유스러운 신학자들이나 윤리학자들이 문화적 상대주의(모든 문화는 똑같다)나 상대적 윤리주의(모든 윤리도 똑같다)를 주장하면서 구약의 율법을 하나의 문화의 산물로만 이해하는 것이지요. 구약의 율법이나 성경의 윤리가 다른 종교나 문화의 윤리들과 별반 다르지 않다는 생각입니다. 이는 하나님과 이스라엘 백성과의 관계를 생략하고 단지 이스라엘 백성의 문화만을 이해하려는 자세인데요.

사실 하나님을 빼놓고 구약의 율법이나 기독교 윤리가 성립이 되겠습니까? 예수님을 통해 드러난 하나님의 구속적인 사랑을 빼놓고 무슨 기독교 윤리가 말이 되겠습니까? 이러한 기독교 신앙이나 윤리를 단지 문화적인 산물로 이해하며, 상대화시키려는 자유주의 신학적인 입장을 저희로서는 받아들이기가 힘들죠.

이재웅: 네, 오늘 이렇게 기독교 윤리의 기초에 대해서 이야기를 나눠 봤습니다. 기독교 윤리의 개념과 필요성에서부터 상반된 입장의 두 가지 이견까지 살펴보았습니다.

아, 정말 제가 많이 배운 것 같아요.
정말 감사합니다, 교수님.

정성민: 저도 즐거운 시간을 가졌습니다.

이재웅: 자, 그럼 이제 교수님과 인사를 나눠야 할 것 같습니다.
다음 이 시간에 더 쉽고 재미있는 이야기를 나눠보겠습니다.
교수님, 안녕히 가세요.

정성민: 네, 감사합니다.

예 수

그는 과연
누구인가?

예 수
그는 과연
누구인가?

예 수

그는 과연
누구인가?

우리에게 있는 대제사장은 우리의 연약함을 동정하지 못하실 이가 아니요 모든 일에 우리와 똑같이 시험을 받으신 이로되 죄는 없으시니라 (히브리서 4:15)

그가 찔림은 우리의 허물 때문이요 그가 상함은 우리의 죄악 때문이라 그가 징계를 받으므로 우리는 평화를 누리고 그가 채찍에 맞으므로 우리는 나음을 받았도다 우리는 다 양 같아서 그릇 행하여 각기 제 길로 갔거늘 여호와께서는 우리 모두의 죄악을 그에게 담당시키셨도다 (이사야 53:5~6)

---

For we do not have a high priest who is unable to sympathize with our weaknesses, but we have one who has been tempted in every way, just as we are--yet was without sin.

But he was pierced for our transgressions, he was crushed for our iniquities; the punishment that brought us peace was upon him, and by his wounds we are healed. We all, like sheep, have gone astray, each of us has turned to his own way; and the LORD has laid on him the iniquity of us all.